MARES Y HALAGOS

CARMEN VERDE AROCHA

MARES Y HALAGOS

Variaciones poéticas

II Premio de Poesía Hispanoamericana
Antonio L. Bouza

VISOR LIBROS

VOLUMEN MCCCI DE LA COLECCIÓN VISOR DE POESÍA

Un jurado compuesto por Pablo García Casado, Jesús García Sánchez, Eliseo González Martínez, María Esteban Becedas y Amanda Sorokin, presidido por Luis Alberto de Cuenca y actuando como secretaria Teresa González Castrillo, concedió al presente libro el II Premio de Poesía Hispanomericana Antonio L. Bouza, promovido por el Instituto Municipal de Cultura y Turismo del Ayuntamiento de Burgos.

Cubierta: Humberto Jaime Sánchez (1930-2003). *Paisaje mural*, 1978. Caracas

Isaac Peral, 18 - 28015 Madrid
www.visor-libros.com

ISBN: 979-13-87745-31-8
Depósito Legal: M-3253-2026

Impreso en España - Printed in Spain
Gráficas Muriel. C/ Investigación, n.º 9. P. I. Los Olivos - 28906 Getafe (Madrid)

Tus ojos de fuego sobre fuego
bajo el azul de los mares.

Para atravesar ese océano,
ese golpe de luz en la siesta,
no bastaría la eternidad.

Blanca Varela

Donde anclaron los marinos viejos barcos
y presagios que devuelve el mar,
tal vez los náufragos cumplan el enigma
y una gema brille entre las horas negras.

Ernesto Pérez Zúñiga

… El amor es una piedra
que se asentó en el fondo del mar
bajo el agua gris.

Derek Walcott

NUNCA FUIMOS JUNTOS A VER EL MAR
(Variación I)

En la séptima luna
veo tus manos labrar un nuevo *home*
un archipiélago
que acopie nuestras pisadas de plomo
y de dolor.

Nos cortejamos una y otra vez
—entre los arbustos—
como si fuéramos hienas.
¿Te acuerdas de la risa de las hienas?
Fieras cuidadoras del fuego
que ven en lo insondable de la noche.

Nunca fuimos juntos a
ver el mar de Odiseo.

Zurcimos nuestra penas
sorteando que el vidrio corto
de la arena nos borrara
antes del goce de la lluvia
que golpea nuestras caras.

Me distraje buscando la salud
pensando en gatos amarillos
en las olas
que silban a la muerte.

Nunca fuimos juntos a
ver el mar Mediterráneo

porque el viento era muy fuerte
porque nos llenaríamos de miedo.

NUNCA FUIMOS JUNTOS A VER EL MAR
(Variación II)

En la séptima luna
vi la sombra de tus dedos
edificar un nuevo *home*
un archipiélago
que recibiera nuestras pisadas
de plomo y de dolor.

Nos amamos una y otra vez
como si buscáramos el camino
a nuestro hogar.

Nunca fuimos juntos a ver el mar
de Odiseo.

Me distraje buscando la salud
mirando los gatos amarillos.

¿Alguna vez quisimos enamorarnos?
Recuerdo que zurcimos
las penas de los pájaros.

Nunca fuimos juntos a
ver el Mediterráneo

porque el viento era muy fuerte
porque nos llenaríamos de miedo.

FESTÍN

Invocamos la palabra.

Aquella que nos libra
de comprar lo disminuido
de meditar en el tajo
y en el eco quebrado.

Respiración de un leopardo frente al mar.

¿Qué silencio lúgubre?

¿Alguna luz?
¿Alguien tiene alguna luz?

No se oyen las plegarias ni las olas.

La brisa del litoral
el Cordero de Blake
y nuestros ancestros
nos ponen a prueba.

En el océano los ojos nunca se cierran

y la voz se vuelve mínima.
Recordar esto al navegar.

AZUL MUY OSCURO

La mudez nos encorva debajo de
los mares.

Correr no es el asunto
ni librarnos de las medusas
ni mirar de reojo las lágrimas
que la sal absorbe rápido.

Respira hondo.

Hueles a corazón de
mariposa fatigada
al aroma de limón frotado en
nuestra piel.

Hay un río que agita tus secretos.

Tus ondas zozobran
hasta el borde del vértigo
y me hacen pedazos la carne.

¿Qué extrañas de tu vida
dentro de la mía?
¿Acaso el paisaje seco de tu infancia?

¿Por qué el agua nunca se enamora?
¿Tú lo sabes?

El río entra en el mar. Siempre lo ha hecho.
Bajemos el volumen a esos
Lieder ohne worte, op 19,
de Mendelssohn.

No debimos acercarnos
a este poema vivo y mordido
por la única raíz que hay en tu rostro.

Vámonos lejos. ¿Te atreves?
antes de que los cangrejos
salgan de esa muerte tornasol
que arrastra las horas.

Quizás esto que sentimos sea
un pedazo de pan
incapaz de alimentar nuestras bocas
llenas de bostezos

para la gloria de Dios.

BUITRE REY

Un buitre de anchas alas con majestuoso vuelo
cruzaba solitario el puro azul del cielo.

ANTONIO MACHADO

Tú dices tener un solo estómago.
Nosotros insistimos en que son dos.

Tus plumas manchadas y esa piel
arrugada te impulsa por los aires.

Eres un submarino que roza
nuestros cuerpos
y nos quiebras
con esos ojos punteados de ocre
que semejan unos campanarios.

Nunca nadie tuvo tanta sangre
ni tanta fiereza en su sexo añil
ni siquiera el océano turquesa.

Tu abanico-vuelo
nos hace testigos de tu gloria.
Cuidas de lo vivo.

Ave sagrada que en las alturas
presagias lo divino de la carne
y baldeas el alma de esta muerte
de bronce que somos.

Apiádate de este amor
y de esta fatiga que nos sobra.

VIEJA BATALLA

Tu boca que el mar dibuja
con el flujo y reflujo de las olas.

Allí donde la lengua baila y
saborea el seco olor marino
surge la petición del vapor gélido
por el sol de noviembre.

Quizás sea tu sombra
con ojos de foca
llegando como el sueño a descubrirme.

¿Desde cuándo duermes a mi lado?
¿Por qué no te había visto?
¿Agitarás este grito que soy
al borde del relámpago?

Dale respiro a esta alforza que crece
no pide permiso
y escarba a un costado de tu melancolía.

Tú insistes en retroceder una y otra vez.
Y aquí te quedas conmigo.

Reímos,

por la misma cicatriz
y el mismo hachazo.

OJEAR AL RÍO

Sobre la mesita
los *Himnos a la noche* de Novalis
y una taza de café.

Nos preparamos para el viaje
los suministros son inevitables:
el equipo de pesca
un soportador de vida
una balsa con motor en
su catamarán de cincuenta pies

un pedazo de papel
y el alma de algún antepasado
en una parte de la mesa.

Hay vidas más atractivas que otras.

¿Quién podría ser tan ruin de borrar
su propia infancia?

Lo supe antes de leer
El retorno de Henoc.
No tenemos tiempo de elegir
ni derecho a un sorbo de agua.

Nuestra infancia ya pasó, ya se fue.

Se oye la lluvia dentro del río.
¿La escuchan?
Está comiendo.

Amar es una jornada de pesca ardua.
Un día sin brújula.
¿Y si el GPS no funciona?

Bajaremos al fondo del río
                    sin encontrar nada.

BOCA DE PEZ

A Mary Eugenia

Bajo el verde azulado de la faja del mar
regreso con un manojo de arena.

«Boca de pez».
¿Te acuerdas?

Así te decíamos de niña:
«Ven acá, Boca de pez».

Corrías y las lágrimas
resbalaban por tus mejillas.

¿Tenías cuatro o cinco años?
Ya deletreabas tu nombre
no parabas de llorar.

Hasta que te asía de las manos y
cantábamos una canción:

Yo iré, yo iré, a la feria de San Andrés…
Yo iré, yo iré a la feria de San Andrés…

Era una bola de fuego tu corazón
afincada en las grietas de las aves.

Nunca vi las arañas de mar
ni conocí tus secretos de niña
ni por qué llorabas tan triste.

Ven hermana mía.   Abrázame.

Dejemos que los vistosos
camaroncitos limpiadores
(los mismos que quitan los parásitos
a los peces del arrecife)
nos ayuden a redimir
el gozo de nuestra infancia.

MOVIMIENTO DEL AGUA

Punza el océano con su arrugado
y extenso hocico.

Viajamos hacia la herida del agua.

Todo fluye sin interrupción
bajo la quieta luz de la tarde.

La arena cubre
uno a uno los agujeros
de nuestras pisadas
hasta doblegarnos el carácter.

Me has dicho que te duelen
las palabras en ayuno
y que esperas el beso del último
poema escrito el otro día

su *blues* atado a nuestra sombra
está cerquita de nuestro bello-odio.

Hay un mandato en el poema:
los cuerpos obedecen
a lo que anuncian.

A lo lejos el ruido
del motor de una lancha
levanta nuestro ánimo.

Los barcos dormitan balanceándose
en su aspiración hacia lo alto.

Océano diminuto
                    río cofre de oro.
Mejor no limpiar la vida
                    tampoco el agua.

ESTE PUÑADO DE RUIDO

¿Por qué de la vejez al nacimiento
los pájaros vuelan
con un puñado de ruido?

La sal, el embarazo y toda la
parte acuática de la tierra
en un solo relato.

A Irene, Catalina la mesera, Afrodita y
Artemisa la de la Vuelta del Gato
nadie les quitará el deseo de parir
de separar sus piernas
a los pies de algún lago
bañar las piedras con sangre
aún con los labios mojados
por los besos de sus amantes.

Un gozo oír a las parturientas
cantar *a capella* sus pesares amorosos.

¿Cómo callar un puñado de ruido?
Si «*el ojo se oxida por falta de sueños*» (Adonis).

¿Acaso si no hay eros la belleza se ahoga?
Narciso murió ahogado.

Hacemos silencio al recoger
el amor
con nuestras manos.

TESORO VIVO

Cae la tarde encima de tus brazos.

¿Qué tan lejos está mi vida
de tu infancia?
¿Dónde están los tulipanes amarillos
que sembramos?

Cuidémonos de todo lo que ciega.

De lo que satura el ojo.
De la piel tiznada por el sudor del sexo.
De tus besos con sabor
a langostinos al leernos.

Demos un sorbo de café a los niños
que algún día fuimos.

Las langostas y las almejas
comieron
debajo de una lengua
que no es la mía.
¿Será la tuya?

El destino expele un humo agrio
tesoro que recibo como ofrenda

y tú escuchas el canto de los pájaros
y el sonido de las ardillas.

No te agaches
aunque la montaña sea alta.

La buena fortuna ha elegido mi cabeza.
El frío te rompe
y no puedes palparlo
hasta que el sol aparece.

Que tu caudal suba a la tierra
hecho hombre.

Tesoro vivo.   Mi tronco azul.

PRECARIAS
(Variación I)

Nos iniciamos en el amor
por el lado izquierdo del piélago.

Abrimos el fuego
bebimos vino de palma
y un pez pelícano
fue nuestro único testigo.

No llovió.

El mar se había tragado las nubes.
Tú y yo pusimos el sello a las cosas.

¿Me comprendes?

PRECARIAS
(Variación II)

¿Me ayudas a sellar el apetito
escondido en estas paredes de adobe?

Nos bebimos el fuego del agua
y una medusa fue nuestra única testigo.

Así nos iniciamos en el amor
por el lado izquierdo de la vida.

¿Me comprendes?

CIUDAD DE ARENA

Cae de soslayo el amanecer
golpea sobre el Caribe
de esta ciudad de arena que somos.

Cae de soslayo esto que me estremece
sobre una estatua
de anchas caderas
y tiembla la tierra hecha lumbre.

El miedo siempre llega en balde
con su rojo azafrán
de aullido de lobo
que arde
dentro de su leña.

Las fresas que me has dado
entre mis dientes
sin prisa
huyen detrás de lo ácido.

Cae de soslayo el apetito en el hombre
un demonio que no lo deja descansar:

Dido inflamó la pira.
Medea quedó abrazada a la eternidad.

Esto a veces lo olvidamos.

MISTERIOS

Hay mujeres secretas
a las que solo le atinamos
oír el bisbiseo.

Hay mujeres que despiertan de noche
y acarician al gato que tienen a su lado.
Ellos fieles lamen
sus grietas de la edad.

Otras que oyen arrullos
de palomas blancas.
Pasan sus días de frío
anhelando el olor de los lirios
protegidas por gruesos abrigos
y bufandas.

Hay las que aconsejan a las más jóvenes
descansar en otras bocas.

Están las que ponen
cerrojo a las puertas
a los oídos
al útero

a todo lo que tenga hendiduras
o que podría morderlas al dormir.

Las que son apenas árboles
que casi no florecen
hurañas con celulares
y con las lenguas rasgadas
en el centro.

Las madreselva
o simplemente hierbas
a punto de ser grillos
que observan a sus hijas
elevar cometas al aire
o bañarse en las piscinas.

Y al llegar la noche
están las que pasean

lentamente con sus perros.

MARES Y HALAGOS

Tu pelo ondulado, canoso
acabas de cortarlo
sigues cortando
y deja tu coronilla brillante

allí entrará la luz
entraré yo
con mis pechos pequeños
y colinas tapizadas de amaranto.

Desnudos peces quietos somos
al resguardo
del recóndito río
que nos hunde sus dientes.

«La mujer que pesca señales en el aire».
Es tu voz que se escucha en el mar.

Tú y yo
peces hambrientos
de múltiples manos
estaremos siempre atados
(estoy segura)
a ese lazo

de lluvia
que te impulsa

al frote del ardor y
aún no lo sabes.

POEMA ESCLAVO

Poesía sin artilugios ni infancia
cercada entre las nubes
ahogada en un barco ebrio —sin Rimbaud—

limpia con bronce
mi finitud acuciante.

¿Cuánto pesa la casa de río rojo
y de río negro?

¿En cuál parte de mi vientre
vive el corazón?

¿Qué hace que la virilidad
de un hombre centellee
y que de las mujeres nazcan
flores de cayenas?

Poesía, misterio de águila.

Amarillo vasto
cubre el poema

con esa madeja de lino blanco
y vara de nardo que somos.

EL PESO DEL AGUA
(Variación I)

Navegamos madre en un océano sin barcos.
Piedad por nosotros, piedad por el
océano, navegamos.
ANNE CARSON

La embarcación está a punto de partir.

Tengo ocho años de edad.
El sueño huele a menta.

Del girasol un solo ojo.
Y las algas pegadas al cuerpo.

¿Cuánto pesa el agua?
¿De niña tiemblo de frío o de miedo?

Atrás la desdicha del *blues.*

Y el eterno sonar de las rompientes.
¿No se cansan?

«Madre ¿las olas no se inquietan
por qué van y vienen todo el tiempo?».

Welle (ola) dulce
que emerge de la sal.

La divinidad y el cuerpo
en un solo bocado.

¿Madre, tienes hambre?

Tu aliento crece al verme.
¿Qué hacemos en el recinto de esta iglesia?

    Contemplamos nuestras vidas
    y festejamos con la risa.

Madre, te pido perdón.

EL PESO DEL AGUA
(Variación II)

En una iglesia
las mujeres se arrodillan y rezan.

Quizás lloran por sus hijos
perdidos en la guerra.

Un centenar de pájaros
brota de un ataúd cubierto de
hielo al abrirlo.

¿Es posible el extravío
al elegir entre vivir o morir?

El pasado no necesita ser corregido
para dejar de doler.

Difícil arrodillarse sobre el mar.
Sería quebrantar el poco hálito
que nos queda.

Nostalghia es la voz de Tarkovsky.

El equilibrio no es una línea recta.

Madre juntemos las alas.
Cerremos las manos henchidas
de rencores.

Seamos océano revelado.

Desayunemos el poquito
de amor con pan
que nos queda.

POR UNA VEZ EN LAS ALAS

Silvia con sus noventa y nueve años
ya no lee su devocionario
y renuncia a las humoradas tardíamente.

Ha escudriñado nuestras cicatrices
y sabe cómo aliviarnos
el dolor
sin llamar a los muertos.

Silvia parió seis hijos.
«Ya he cumplido», ha dicho a su marido.

Lo mandó a dormir a un cuarto
donde a veces llegaban los leones.

Mi padre y mi tío Enrique
siempre al acecho
de la aparición de los leones
que nunca llegaron.

Eso si duele.

Silvia con sus noventa y nueve años
se tuvo que ir.

Ha dejado su cama cubierta
del perfume dulzón
de las naranjas.

Las mujeres en la casa de mi abuela
quedamos mudas
delante de su muerte
fue como si un trinquete
en la garganta
nos cortara el tiempo.

Juramos no dar la espalda
a la vejez.

Adiós señora Silvia
(hada de nuestra infancia).

Nos ayudaste a tolerar el sufrimiento.

LIENZ

A Wolfgang Ratz
A Sussanne Toth

Un vertiginoso movimiento
hay en esta ciudad de montañas
con nieves todo el año.

Sus edificios amarillos, naranjas,
ocres y rosas
tan distintos a la sobriedad de Viena.

Los jueves no pasa nada en Lienz.

Sus habitantes de tez muy blanca
firmes dentaduras
caminan sonámbulos,
faltos de halagos
bajo la custodia del sol frío.

Susanne, Wolf y yo iremos más tarde
a visitar el museo Schloss Bruck

Allí están las obras
del pintor Albin Egger-Lienz.

Sus pinturas monumentales
de campesinos
y soldados de colores de tierra

nos recuerdan los espejos de arenas
las promesas caídas

y el avivar de los sueños.

UN AZUL SIN CAMPANAS
(Variación I)

«Pulpo de arrecife»
dices que te apodan desde niño
¿por qué cambias de color?

De noche deambulas por el bosque
buscando un lugar para construir
una casa, plantar árboles y enramadas.

Allí verás el inicio del tiempo
sin levantar los párpados hacia el sol
ni oír el estallido del mar rizado
entre almejas, caracoles y cangrejos.

¿En qué parte del Adriático
tienen casa los halagos?

¿Qué puerto quieres para anclar?
Mi cabaña tiene portón, entablado doble
chimenea, ventanas con ladrillos.

Dorado pulpo, dorado amante,
vaya usted despacio y tranquilo.

No salpique ese rocío sobre mí.
Entrégueme su corona
con suficiente oxígeno.

Aquí, Penélope te espera.
Aquí, Odiseo está de regreso.

Los murmullos y las brisas
ya lo anuncian.

Quiebra en dos este azul campana
que se interpone entre nosotros.

UN AZUL SIN CAMPANAS
(Variación II)

Nada es verdad
tan solo tu corona
que enciendes por encima
de la lluvia.

Nada es verdad
aunque ese mismo firmamento
te devuelva la fe.

¿Por qué cambias de color?
Estrujas la suerte con tus manos
y en el centro
tú y yo nadamos como almejas
obligadas al límite.

De noche yerras a través de mis caricias
como enredaderas entre los árboles
y al amanecer escuchas
el estallido del día.

¿Por qué tanta oscuridad?
¿Qué puerto quieres para anclar?

Mi casa tiene portón, entablado doble
chimenea, ventanas abiertas.

Dorado pulpo, te digo yo,
ven despacio y tranquilo.

Entrégame tu corona
con suficiente oxígeno
recordaré tus claras pupilas.

Aquí, Penélope te espera.
Aquí, Odiseo está de regreso
los murmullos y las brisas ya lo anuncian.

Quiebra en dos este viento incierto
que se interpone entre nosotros.

LÉGAMO

Se aprende a respirar
apenas nos suelta la placenta.

La amargura nos impide sembrar
semillas de café.

Hay que alzar la tierra.

Dejamos que nuestras
manos oscurezcan
de tanto amasar el limo,
de tejer fallidos recuerdos.

Quitemos las lombrices
y los légamos a orillas de los ríos.

Limpiemos las almendras
sin despojarlas
de sus conchas.

Mañana tendremos otra jornada.

Algún día todos moriremos.

Hay que dejar comida
a los parientes
que regresan de los arrecifes
de corales.

SOLO HAY DOS ROCAS

Invocamos la última palabra.

Las marejadas casi no se oían
por el rumor de los turistas.

Pintamos de índigo nuestros cuerpos
antes de liar los bártulos.

Está dicho
solo hay dos rocas: tú y yo.

Borremos el pasado
si queremos estar vivos.

No lo hicimos.

Nos aferramos a los halagos.

RESPLANDOR DEL MEDIODÍA

El descanso de las nubes
se consume sin admiración.

A lo lejos dos faros
parecen los ecos de un volcán.

Me he levantado temprano
y fui a la playa detrás
de unos cangrejos
antes de que nos alcanzaran los aviones.

El volcán no pide asombro.

Lamento que te hayas ido
al llamado de su ceniza delirante.

Todos te vieron
con la lumbre en la cabeza
menos yo.

Al enterarme, pensé que ya era tarde
y te habías ido con los relámpagos
que anunciaron la tormenta.

La muerte
lienzo que captura
el pensamiento.

Nos besaremos en los picos
de algunos pájaros
atrapados en el sueño.

¿Lo recuerdas?
Hoy tú vienes a mí

y mañana también.

MARES
(Variación I)

José Antonio pilotaba.
Veía los peces.

Lo escuché previendo
el misterio de la sal.
Sosegando su sed.
Retirando la ceniza del barco.

Atrás dejaba los lagos sedientos.

¿Hay lagos en los océanos?
De niños nunca tropezamos con ellos.

La tormenta puede ser fuerte,
agitada por un mandato
de las corrientes marinas.

José Antonio
buscaba el timón oxidado.

El agua no tiene forma en su interior
si el orientador del barco no funciona.

Los instrumentos
podrían haberse quedado
en la infancia.

No todos los barcos tienen un timón.

Ya no hay tiempo.
Suena el celular.
Nadie responde.

José Antonio no pudo regresar
a su infancia

nosotros tampoco.

MARES
(Variación II)

Retiran la ceniza
sacudida por un remolino de viento.

José Antonio pilotaba.

Allí están los peces
con las mejillas rocosas
de tanto reír.

Un pez viejo, esquivo
escribe una carta
en una noche invernal
al estilo de los versos de Byron.
Ha sido la única penitencia.

José Antonio decía: «Vida de salitre».
Lo escuché previendo
el misterio de la sal.

Él sosegaba a la mar
sin la ayuda de las sirenas.

Nada tiene forma en su interior
si el orientador del barco
no funciona.

Los instrumentos
podrían haberse perdido.
No todos los barcos tienen un timón.

A veces no hay tiempo
de ir a la infancia a buscarlo.

LA DENSIDAD INVISIBLE

Y ante el recelo,
¿recordamos o nos conforta saber
que hay dos puertas?
LUIS GERARDO MÁRMOL BOSCH

Cierra los ojos.
Tú no eres un pez.

Juegas a los naipes
sosteniendo el cigarro
entre tus labios.

Nos sentamos a mirar
la oscuridad más absoluta:
el rojo abre sus alas
densidad que trasfigura
en sombras nuestras huellas.

¿Quién se atreve a ver la luz
que yace adentro en el oleaje?

Círculos amarillos con negro
por doquier
recogen la tonada del viento.

Entre esos tonos zarandea el amor
con sus dolencias.

¿Cómo soportar una isla
en el estómago?

El agua nunca tiene sed.
¿En cuántas piezas se corta la vida?

Un murmullo jamás es para siempre.
Tramo de aluminio
que nos dobla la voz.

Céfiro al anochecer:
        Lo que no se pronuncia hoy
        no tiene color en la mañana.

Te resguardo con los tulipanes
prometidos al viento.
Lo haré sin prisa.

El destino se dibuja, se traza
y de un zarpazo

tachamos su puerta.

DESCANSAS EN AMARILLO

Esta noche ha regresado el frío
sobre los sembradíos de maíz.

Íbamos en auto a casa de tu madre.
Atrás dejamos las aguas belicosas
y la fresca espuma
que choca
contra los peñascos.

¿Lo recuerdas?

Te reías.
Y una carretera poblada
de hongos
nos hizo pensar en el tiempo
en un extraño sentido abandono
y en los secretos hilos
que sostienen al firmamento.

Algo nos hizo desviarnos
del camino.
Quizás fue la idea
de visitar esa ciudad
que tanto te gusta.

Y las voces.
El aire estaba lleno de voces.

Me fijé en tus dedos delgados
y largos como una isla.

Acariciaste mi brazo con firmeza
y suavidad.
No podías oír mis pensamientos.

Me quedé tranquila y dije:
«Todo pasa».

ALIENTO DE PÁJAROS

De pie en una barca
sobran la ternura y
el asombro.

Los peces agitados
por el rumor de ser prendidos
vuelan por encima
de tu cabeza.   Jamás sobre la mía.

No sueltes las aletas.
Ábrete paso con ellas
aunque la sangre ruede por los dedos
y el miedo golpee las ventanas
y las puertas.

Se aproxima la sequía.
Los recuerdos van de prisa.
Vamos a fugarnos con ellos.

«Trágate todo.
Que sea como agua bautismal».
Nos dice ya el anciano día.

Aspiras el aliento de los pájaros.

¿Lo ves?

Mejor los ojos cerrados
antes de levantar el vuelo.

De pie en una barca
en medio del arroyo
sobran los roces del fuego.
Allí está un pez
¿Lo atrapamos?

Mi sugerencia
quedémonos tranquilas

en «*el Abismo blanqueado*» de Mallarmé.

Esperando que pasen las modas
y los halagos.

MIÉRCOLES

Quizás sea un error vivir tanto tiempo.
Tantear el costado de algún dios.

El amante lo confunde todo.

¿Cuál amante?
¡Ah, fíjate! Alguien ronda
por las esquinas de los miércoles.
Los cocodrilos nos hieren al rozarnos

con miradas de gato
y alas de mariposa.
¿No los ves? Están al acecho.

¿Será el miedo enojado
porque en este siglo XXI se
siguen encerrando a las mujeres
en los castillos?

Les prometen alejarlas
de los territorios suicidas
y llevarlas a lugares
donde entra el aire.

En el aire casi nada es de confiar:
ni los ciclones
ni el miedo
ni las promesas de las águilas.

Los miércoles no confíen en los pájaros.

Solo tus ojos de Leopardo
y alas de Hermes me protegen.

EL TRABAJO Y LOS HALAGOS

Hoy, una mujer camina
con el peso del mar
sobre sus hombros.

Se sienta en una plaza
observa
a las niñas jugar.
«Esta ciudad es tan grande», piensa.

Nadie la ve.
Una pelota cae entre sus manos.
La devuelve.

No hay un «gracias».

Las niñas vieron la pelota
devolviéndose en el aire.

La mujer solloza.
El rumor de las chicharras
no deja oír su llanto.

Cielo implacable
cubierto de hormigas otra vez.

Las jóvenes corren
por toda la plaza.

La mujer recuerda el olor a canela
de las niñas
y el silbido de los soldados.

A lo lejos llega un auto negro.
¿A qué se dedica esta mujer?

«Ya es hora del trabajo y los halagos», piensa.

VACÍO

Atas mi cabello rizado y melancólico.

Tú en aquella tercera parte de mi ser.

Varón que zarpa
y da tumbos apurado
por las densas plumas del ave que soy.

Tú tiemblas dentro mis huesos.
Sin halagos.

Estás solo con tus labios
de palos de canela
y hoja de menta.

Dos columnas de agua
soportan nuestro anhelo.

Apenas percibo el temblor
de tu cuerpo
apoyo la barbilla
sobre una enorme piedra

y te espero.

ORACIÓN POR UNOS POEMAS BLANCOS

Lejos del alcance de tus manos
están estos poemas ansiosos.

Los veo merodear
por los rincones de los barcos
o quizás de abandonados autos
donde los niños juegan.

Esta calle oculta los olores
de las sucias veredas
atiborradas
de cáscaras de ostras
hojas de los chaguaramos
pedazos de latas de cervezas
restos de ropas y
papeles inservibles.

Escóndete y distrae a los otros poemas
que llegan disfrazados de olas
y de rompientes.

Los niños se distraen silbando enojos
hasta la madrugada.

Los milagros palidecen
y cortan la feroz palabra.

Tú, aléjate de los mares.
Los versos marinos son malvados.
Se vengarán de ti.

Si no los lees bien
te nacerán termitas en el estómago.

¿SE PUEDE ESTAR EN DOS LUGARES A LA VEZ?

A Gisela Cappellin

I

Parroquia San Pablo Apóstol en Caracas.
Al entrar vi sus paredes blancas
moteadas de morado.

El padre Oswaldo con sus canas
(torcidas bajo la furia de la fe)
quizás ni me reconozca.

Lo recuerdo con su capa magna los
domingos.
Imitando a un Obispo que nunca
aparecía para invocar al Espíritu Santo.

Son muchos los años lejos de los rostros
de mis amigas de la infancia:
Tata, Idalmis, Carmen Elena, Janeth.
No sé si ahora van a misa
o han envejecido en manos
de sus maridos.

Parece que viviéramos cerca del Cantábrico
donde el salitre se come
los rostros de la gente.

II

Iglesia de San Pedro el Viejo en Madrid.

Calles estrechas y edificios antiguos.
Congoja en la faz de los ancianos
de los pobres y de los marginados
que han hecho de este lugar su aposento.

Una noche Gisela y yo entramos
con la niña Sofía.

El blanco de la camisa de Sofía
lesionaba la esperanza roída.

¿Por qué el blanco hiere
tanto nuestros ojos
cuando estamos tan lejos del mar?

Contrasta en esta iglesia
la belleza del recinto
con su torre mudéjar
y en su interior
su capilla del Cristo de la lluvia
nos hizo temblar.

III

¿Se puede estar en
dos lugares a la vez?
Sí.

Si tienes memoria y recuerdas
la Parroquia de San Pablo en Caracas
con fe, melancolía y gratitud.

Si puedes distinguir los tres sabores
de la Iglesia
de San Pedro el Viejo en Madrid.

MUDANZA

Mudarnos dentro de nosotras
sin epitafios fue el mandato.

Obedecimos.

Y cada una a su manera
allegó en su propio cuerpo
las almohadas
a los amantes
un sorbo de agua salada
algo de *rouge* para las mejillas
y a los maestros espirituales.

El útero saciado de objetos
quedó sin espacio para un bebé.

Muchas cosas entran por todo
lo que ha sido abierto.

Sellaron todos los huecos.
«Siéntense y descansen», se nos dijo.

¿Qué es la fe?
Se exige coraje al responder esta pregunta.

La lluvia nos abre los ojos.

Si a uno le prestan algo hay que devolverlo.
El océano ostenta sus medidas.
Parir trae consigo la medida del mundo.

El muslo izquierdo sube
y baja.
Es solo un ejercicio.

Los niños y las hienas
cuidadores del fuego
no entran en esta mudanza.

La costumbre y el aburrimiento
trabajan juntos, precepto de Afrodita.

Hay dos espejos en el mundo:
el cielo y el sexo.
Lo dicho no es un aforismo.

Si vas a enamorarte, hazlo.

Si vas a vivir en este mundo
aprende esta máxima:
respira-exhala

de eso va la vida, de entrar y salir.

NOTAS

La fotografía de la obra de Humberto Jaimes Sánchez (para la cubierta de este libro) ha sido realizada por María Victoria Acevedo, 2025.

Andrei Tarkovsky (director). (1983). *Nostalghia* [película]. Rai 2 (Italia), Sovinfilm (Unión Soviética), Gaumont (Francia).

«El ojo se oxida por falta de sueños», verso del poema «Celebración del juego de la vida y de la muerte». En: Adonis. *Homenajes*, 1988. Traducción del árabe al español de María Luisa Prieto.

«El Abismo blanqueado», verso del poema «Una jugada de dados nunca abolirá el azar». En: Stéphane Mallarmé. *Poesías. Otras poesías / Anécdotas o poemas Igitur / Una jugada de dados.* Traducción de Ricardo Silva-Santisteban. Lima: Pontificia Universidad Católica de Perú. 1998.

Chaguaramo. Palma real (Roystonea oleracea). Árbol originario de las Antillas y norte de Suramérica.

ÍNDICE

Esta primera edición de *Mares y halagos*
se acabó de imprimir en Madrid el
18 de enero de 2026, día del nacimiento
de Rubén Darío 159 años antes.